华夏万卷
万卷华夏®
让人人写好字

楷书

字加分
ZI JIA FEN
好·字·拿·高·分
·专项训练字帖·

高中必背
文言文

周培纳|书
华夏万卷|编

班级：_____ 姓名：_____

上海交通大学出版社
SHANGHAI JIAO TONG UNIVERSITY PRESS

硬笔书法控笔训练

扫一扫　　扫一扫
看教学视频　下载更多

　　硬笔书法是线条的艺术。线条是书法中最基本的元素。线条是轮廓，是"外观"，是笔画的灵魂。日常书写时，若笔画线条僵硬呆板或歪歪扭扭，很大程度上是因为我们的手部肌肉紧张，对笔的控制力不足。针对不同的线条进行控笔训练，可以有效提高我们对笔的控制力。具体来说，就是通过练习手腕、手指的相互配合，使手部肌肉放松，最终达到心、眼、手三者合一的书写高度。

一、直线线条的控笔训练

横竖

斜线

折线

二、曲线线条的控笔训练

转笔

弧线

圆圈

三、组合线条的控笔训练

回字形

弓字形

目 录

之作者,寄身于翰墨,见意于篇籍,不假良史之辞,不托飞驰之势,而声名自传于后。

(曹丕《典论·论文》)

若乃春风春鸟,秋月秋蝉,夏云暑雨,冬月祁寒,斯四候之感诸诗者也。

(锺嵘《诗品序》)

感人心者,莫先乎情,莫始乎言,莫切乎声,莫深乎义。诗者,根情,苗言,华声,实义。

(白居易《与元九书》)

词以境界为最上。有境界则自成高格,自有名句。

境非独谓景物也。喜怒哀乐,亦人心中之一境界。故能写真景物、真感情者,谓之有境界;否则谓之无境界。

(王国维《人间词话》)

字词注释

翰墨:指文辞或文章。

假:借。

飞驰之势:处高位之人,出则高车驷马,声势赫赫。

若乃:至于。

祁寒:大寒,苦寒。

莫:没有什么。

乎:于,比。

言:语言。

切:贴近,切合。

声:声音。

境界:借用的佛家概念,原指疆界、疆域。佛经中用的"境界",又指"自家势力所及的境土",指个人在人的感受能力之所及,或精神上所达到的境地。文艺作品中的境界指情、景和事物交融所形成的艺术高度。

高格:作品的高级的品第、等级。

通假字

根情,苗言,华声,实义
"华"同"花"。

理解性默写

1. 在《与元九书》中,表明白居易对诗歌抒情本质有着深刻认识的句子是:

"＿＿＿＿＿＿＿＿,

＿＿＿＿＿＿＿＿"。

2.《人间词话》中把境界作为词的最高标准,原因是:

"＿＿＿＿＿＿＿＿,

＿＿＿＿＿＿＿＿"。

《论语》十二章

子曰："人而不仁，如礼何？人而不仁，如乐何？" （《八佾》）

子曰："朝闻道，夕死可矣。"

子曰："君子喻于义，小人喻于利。"

子曰："见贤思齐焉，见不贤而内自省也。" （《里仁》）

子曰："质胜文则野，文胜质则史。文质彬彬，然后君子。" （《雍也》）

曾子曰："士不可以不弘毅，任重而道远。仁以为己任，不亦重乎？死而后已，不亦远乎？" （《泰伯》）

子曰："譬如为山，未成一

字词注释

道：学问，人生哲理。
喻：通晓，明白。
齐：与……看齐。
省：反省，内省，检查自己的思想行为。
质：质朴。
文：文采。
史：虚华无实。
弘毅：抱负远大，意志坚强。
为山：堆积土山。

词语积累

见贤思齐　文质彬彬
任重道远　死而后已

理解性默写

1. 在《〈论语〉十二章》中，"_____，_____"两句，运用了对比的手法，阐明了君子与小人对于"义"和"利"的态度。

2. 在《〈论语〉十二章》中，既强调榜样的良好作用，又强调要自我反思的句子是"_____，_____"。

俊交游，故其文疏荡，颇有奇气。此二子者岂尝执笔学为如此之文哉？其气充乎其中而溢乎其貌，动乎其言而见乎其文，而不自知也。

字词注释

疏荡：疏放跌宕。意指洒脱自如，不受拘束。
岂尝：难道。
中：内心。

理解性默写

《上枢密韩太尉书》中对太史公的文章进行评价的句子是："_____，_____"。

古代文论选段

诗者，志之所之也。在心为志，发言为诗。情动于中而形于言，言之不足，故嗟叹之；嗟叹之不足，故永歌之；永歌之不足，不知手之舞之，足之蹈之也。

（《毛诗序》）

字词注释

志：心意，情感。
形：表现。
经国：治国。

理解性默写

1.《毛诗序》中对诗的作用进行诠释的句子是："诗者，志之所之也。_____，_____。"

2. 曹丕《典论·论文》中说文章关系到国家伟业，是可以永世不朽的盛大事业的句子是"_____，_____。"

盖文章，经国之大业，不朽之盛事。年寿有时而尽，荣乐止乎其身，二者必至之常期，未若文章之无穷。是以古

簣，止吾止也譬如平地，虽覆

一簣，进吾往也"

　　子曰："知者不惑，仁者不

忧，勇者不惧。"　　（《子罕》）

　　子贡问曰："有一言而可

以终身行之者乎？"子曰："其恕

乎！己所不欲，勿施于人。"（《卫灵公》）

　　子曰："小子何莫学夫《诗》？

《诗》可以兴，可以观，可以群，可

以怨迩之事父，远之事君；多

识于鸟兽草木之名。"　（《阳货》）

　　子曰："君子食无求饱，居

无求安，敏于事而慎于言，就

有道而正焉，可谓好学也已"

　　　　　　　　　　　（《学而》）

　　子曰："克己复礼为仁一

字词注释

簣：土筐。

平地：填平洼地。

覆：倾倒。

进：前进，指继续堆土。

行：奉行，遵循。

兴：指激发情感。

群：使合群。

迩：近。

事：侍奉。

敏：奋勉。

慎：小心，谨慎。

就：靠近，接近。

正：匡正。

古今异义

有一言而可以终身行之者乎

古义：字。

今义：言论，语言。

理解性默写

1.《论语·卫灵公》中，

赞美了"＿＿＿＿＿＿＿，

＿＿＿＿＿＿＿＿＿"的可贵品质。孔子认为这种不强人所难的品质是要用一生的时间去践行的。

2.《论语·阳货》中的"＿＿

＿＿＿＿＿，＿＿＿＿

＿＿＿"两句，写出了学习《诗经》对于侍奉父母、君主的重要意义。

见风帆沙鸟,烟云竹树而已。
待其酒力醒,茶烟歇,送夕阳,
迎素月,亦谪居之胜概也。
彼齐云、落星,高则高矣;
井幹、丽谯,华则华矣,止于贮
妓女,藏歌舞,非骚人之事,吾
所不取。

字词注释

胜概:美好的生活状况。
骚人:屈原曾作《离骚》,故后人称诗人为"骚人",亦指风雅之士。

理解性默写

在《黄冈竹楼记》中,
"_____,
_____"
两句把作者在竹楼里谪居的悠闲生活描写得十分有诗意,一"送"一"迎"暗含了时光的流逝。

上枢密韩太尉书（节选）

〔北宋〕苏　辙

太尉执事:辙生好为文,
思之至深。以为文者气之所
形,然文不可以学而能,气可
以养而致。孟子曰:"我善养吾
浩然之气。"今观其文章,宽厚
宏博,充乎天地之间,称其气
之小大。太史公行天下,周览
四海名山大川,与燕、赵间豪

字词注释

养:修养。
致:得到。

理解性默写

1.《上枢密韩太尉书》中,为说明"文气说"所引用的孟子的话是"_____
_____"。

2.苏辙在文中称赞孟子文章的句子是"_____,
_____,
_____"。

日克己复礼，天下归仁焉。为

仁由己，而由人乎哉？" （《颜渊》）

◉ 劝 学 ◉

《荀子》

君子曰：学不可以已。

青，取之于蓝，而青于蓝；

冰，水为之，而寒于水。木直中

绳，輮以为轮，其曲中规。虽有

槁暴，不复挺者，輮使之然也。

故木受绳则直，金就砺则利，

君子博学而日参省乎己，则

知明而行无过矣。

吾尝终日而思矣，不如

须臾之所学也；吾尝跂而望

矣，不如登高之博见也。登高

而招，臂非加长也，而见者远；

顺风而呼，声非加疾也，而闻

字词注释

克：克制。
复：回复，返归。
礼：人类社会行为的法则、标准、仪式的总称。

字词注释

君子：这里指有学问、有修养的人。
青于蓝：比蓝草颜色深。
中绳：合乎木匠用来取直的墨线。
輮：同"煣"，用火烘烤木材使之弯曲。
规：圆规。
挺：直。
见者远：意思是远处的人也能看见。
疾：劲疾。

古今异义

君子博学而日参省乎己，则知明而行无过矣
古义：广泛地学习。
今义：学问广博精深。

通假字

则知明而行无过矣
"知"同"智"，智慧。

考题再现

刘禹锡诗中的"芳林新叶催陈叶，流水前波让后波"和荀子《劝学》中的"青，
_____，
_____，"
都表达出学生可以超过老师或后人会超过前人的意思。

霄飞阁流丹,下临无地。鹤汀
凫渚,穷岛屿之萦回;桂殿兰
宫,即冈峦之体势。

字词注释

临:从高处往下探望。
汀:水边平地。
凫:野鸭。
渚:水中小洲。
桂殿兰宫:用桂木、木兰修筑的宫殿。这里是形容宫殿的华丽、讲究。

黄冈竹楼记（节选）

〔北宋〕王禹偁

子城西北隅,雉堞圮毁,
蓁莽荒秽,因作小楼二间,与
月波楼通。远吞山光,平挹江
濑,幽阒辽夐,不可具状。夏宜
急雨,有瀑布声;冬宜密雪,有
碎玉声。宜鼓琴,琴调和畅;宜
咏诗,诗韵清绝;宜围棋,子声
丁丁然;宜投壶,矢声铮铮然。
皆竹楼之所助也。

公退之暇,被鹤氅衣,戴
华阳巾,手执《周易》一卷,焚香
默坐,消遣世虑。江山之外,第

字词注释

圮毁:倒塌毁坏。
吞:这里指望见。
濑:沙滩上的流水。
幽阒辽夐:幽静辽阔。
助:助成,得力于。

理解性默写

1.在《黄冈竹楼记》中,
"_____,
_____,
_____"
三句点出了小竹楼所在的地理位置及建楼前周围环境的残破荒凉。
2.在《黄冈竹楼记》中,作者用比喻的手法描写了在竹楼的所闻,其中描写冬季所闻的句子是"_____,_____"。

者彰。假與马者,非利足也,而
致千里;假舟楫者,非能水也,
而绝江河。君子生非异也,善
假于物也。

　　积土成山,风雨兴焉;积
水成渊,蛟龙生焉;积善成德,
而神明自得,圣心备焉。故不
积跬步,无以至千里;不积小
流,无以成江海。骐骥一跃,不
能十步;驽马十驾,功在不舍。
锲而舍之,朽木不折;锲而不
舍,金石可镂。蚓无爪牙之利,
筋骨之强,上食埃土,下饮黄
泉,用心一也。蟹六跪而二螯,
非蛇鳝之穴无可寄托者,用
心躁也。

字词注释

彰:清楚。
假:借助。
舆马:车马。这里指车子。
利足:善于奔走。
致:到达。
绝:横渡。
物:外物,包括各种客观条件。
兴焉:在这里兴起。兴,起。焉,兼词,相当于"于此"。
神明:非凡的智慧。
圣心:圣人的心怀。
跬步:古代称跨出一脚为"跬",跨出两脚为"步"。

古今异义

蚓无爪牙之利,筋骨之强,上食埃土,下饮黄泉,用心一也
古义:用,因为;心,心思。
今义:读书用功或对事肯动脑筋。

通假字

君子生非异也,善假于物也
"生"同"性",资质,禀赋。

考题再现

只要坚持,就会成功。正如荀子《劝学》中所说:"锲而舍之,朽木不折;_____
_____,_____
_____。"

亭，修禊事也。群贤毕至，少长
咸集。此地有崇山峻岭，茂林
修竹，又有清流激湍，映带左
右，引以为流觞曲水，列坐其
次。虽无丝竹管弦之盛，一觞
一咏，亦足以畅叙幽情。
　　是日也，天朗气清，惠风
和畅。仰观宇宙之大，俯察品
类之盛，所以游目骋怀，足以
极视听之娱，信可乐也。

字词注释

群贤毕至：众多贤才都聚集在这里。毕，全。
咸：都。
修竹：高高的竹子。
映带：景物互相衬托。
觞：酒杯。
次：旁边。
幽情：深远高雅的情思。
惠风：和风。
品类：自然界的万物。

理解性默写

《兰亭集序》中表现兰亭环境优美的句子是：

"＿＿＿＿＿＿，
＿＿＿＿＿＿，
＿＿＿＿＿＿，
＿＿＿＿＿＿。"

滕王阁序（节选）

〔唐〕王　勃

时维九月，序属三秋。潦
水尽而寒潭清，烟光凝而暮
山紫。俨骖𬴂于上路，访风景
于崇阿，临帝子之长洲，得天
人之旧馆。层峦耸翠，上出重

字词注释

崇阿：高大的山陵。

考题再现

补写出下面的空缺部分。

层峦耸翠，＿＿＿＿＿；
＿＿＿＿＿，＿＿＿＿＿。

屈原列传 (节选)

〔西汉〕司马迁

屈平疾王听之不聪也,谗谄之蔽明也,邪曲之害公也,方正之不容也,故忧愁幽思而作《离骚》"离骚"者,犹离忧也。夫天者,人之始也,父母者,人之本也。人穷则反本,故劳苦倦极,未尝不呼天也;疾痛惨怛,未尝不呼父母也。屈平正道直行,竭忠尽智以事其君,谗人间之,可谓穷矣。信而见疑,忠而被谤,能无怨乎?屈平之作《离骚》,盖自怨生也。《国风》好色而不淫,《小雅》怨诽而不乱。若《离骚》者,可谓兼之矣。上称帝喾,下道齐桓,中述汤、

字词注释

疾王听之不聪:痛心楚怀王惑于小人之言,不能明辨是非。疾,感到痛心。聪,明察。

谗谄之蔽明:说人坏话、奉承献媚的小人混淆黑白,蒙蔽怀王。

邪曲之害公:品行不正的小人损害国家。

方正之不容:端方正直的人不为(昏君谗臣)所容。

离忧:遭遇忧患。离,遭受。

人穷则反本:人困窘没有出路,就会追念根本。

倦极:疲倦困苦。极,疲困。

惨怛:内心伤痛。

信而见疑:诚实不欺却被怀疑。见,被。

盖自怨生也:大概是由怨愤引起的。

淫:过度、无节制。

通假字

1. "离骚"者,犹离忧也
"离"同"罹",遭受。

2. 人穷则反本
"反"同"返",返回,这里是"想念"的意思。

考题再现

在《屈原列传》中,司马迁对《诗经》里的《国风》和《小雅》进行评价的句子是"_____,_____"。

【考题参考答案】
《国风》好色而不淫
《小雅》怨诽而不乱

者不却众庶,故能明其德。是
以地无四方,民无异国,四时
充美,鬼神降福,此五帝三王
之所以无敌也。今乃弃黔首
以资敌国,却宾客以业诸侯,
使天下之士退而不敢西向,
裹足不入秦,此所谓"藉寇兵
而赍盗粮"者也。

夫物不产于秦,可宝者
多;士不产于秦,而愿忠者众。
今逐客以资敌国,损民以益
仇,内自虚而外树怨于诸侯,
求国无危,不可得也。

🔊 字词注释

却:推辞,拒绝。
充:丰裕,繁盛。
黔首:指平民、老百姓。
资:资助,供给。
业:使成就霸业。
藉寇兵而赍盗粮:给敌人提
供武器和粮食。藉,同"借"。
赍,送给、付与。
益:增益,增多。

💭 理解性默写

1. 在《谏逐客书》中,李斯
认为秦国"弃黔首""却宾

客"就好比"_____

_____",是
资助了敌人而削弱了自己。
2. 李斯在《谏逐客书》的末

尾作结时指出秦人:"今___

_____,

_____"
的危害,具有极强的理论
说服力和艺术感染力。

【参考答案】
1. 藉寇兵而赍盗粮
2. 逐客以资敌国 损民以益
仇 内自虚而外树怨于诸侯

● 兰亭集序 (节选) ●

[东晋]王羲之

永和九年,岁在癸丑,暮
春之初,会于会稽山阴之兰

🔊 字词注释

癸丑:指永和九年。

武，以刺世事，明道德之广崇，
治乱之条贯，靡不毕见。其文
约，其辞微，其志洁，其行廉。其
称文小而其指极大，举类迩
而见义远。其志洁，故其称物
芳；其行廉，故死而不容自疏。
濯淖污泥之中，蝉蜕于浊秽，
以浮游尘埃之外，不获世之
滋垢，皭然泥而不滓者也。推
此志也，虽与日月争光可也。

字词注释

广崇：广大崇高。
条贯：条理。
靡：无，没有。
约：简约。
微：含蓄隐晦。
举类迩而见义远：列举的事例浅近，而表达的意思很深远。类，事物。
滋：黑。
推：推赞，推许。

考题再现

司马迁在《屈原列传》中以排比句式高度概括屈原的文、辞、志、行特点的语句

是"＿＿＿＿＿＿，＿＿＿＿＿＿，＿＿＿＿＿＿，＿＿＿＿＿＿"。

其志洁，其行廉
其文约，其辞微

【参考答案】

◉ 谏太宗十思疏（节选）◉

〔唐〕魏　征

臣闻求木之长者，必固
其根本；欲流之远者，必浚其
泉源；思国之安者，必积其德
义。源不深而望流之远，根不
固而求木之长，德不厚而思

字词注释

长：生长，这里指长得好。
浚：疏通水道。
德义：德行和道义。

古今异义

臣闻求木之长者，必固其根本
古义：树根。
今义：事物最重要的部分。

聚族而谋之曰：我世世为洴
澼絖，不过数金。今一朝而鬻
技百金，请与之。客得之，以说
吴王。越有难，吴王使之将，冬，
与越人水战，大败越人，裂地
而封之。能不龟手一也，或以
封，或不免于洴澼絖，则所用
之异也。今子有五石之瓠，何
不虑以为大樽而浮乎江湖，
而忧其瓠落无所容？则夫子
犹有蓬之心也夫！

字词注释

鬻：卖。
说：劝说，游说。
难：发难，这里指越国对吴国有军事行动。
裂：划分出。
虑：用绳结缀。

通假字

不龟手之药
能不龟手一也
"龟"同"皲"，皮肤冻裂。

理解性默写

在文中，宋国人凭借"不龟手之药""＿＿＿＿＿
＿＿＿＿＿"。而客人用"不龟手之药"帮助吴王大败越人，因此得到"＿＿＿＿＿"的奖赏。

谏逐客书（节选）

〔战国〕李 斯

臣闻地广者粟多，国大
者人众兵强则士勇。是以太
山不让土壤，故能成其大，河
海不择细流，故能就其深，王

字词注释

太山：即泰山。
让：辞让，拒绝。
择：同"释"，舍弃。
是以太山不让土壤，故能成其大：因为泰山不拒绝泥土，所以能成就它的高大。河海不择细流，故能就其深：江河湖海不舍弃细流，所以能成就它的深邃。

国之理，臣虽下愚，知其不可，
而况于明哲乎，人君当神器
之重，居域中之大，将崇极天
之峻，永保无疆之休。不念居
安思危，戒奢以俭德不处其
厚，情不胜其欲，斯亦伐根以
求木茂，塞源而欲流长者也。
　　凡百元首，承天景命莫
不殷忧而道著，功成而德衰。
有善始者实繁，能克终者盖
寡。岂取之易而守之难乎，昔
取之而有余，今守之而不足，
何也，夫在殷忧必竭诚以待
下，既得志，则纵情以傲物，竭
诚则吴越为一体，傲物则骨
肉为行路，虽董之以严刑，振

字词注释

下愚：极愚昧无知的人，这里用作谦辞。
明哲：明智的人，这里指唐太宗。
当：主持、掌握。
神器：指帝位。
域中：天地间。
休：喜庆，福禄。
戒奢以俭：戒奢侈，行节俭。
凡百：所有的。
承天景命：承受上天的重大使命。景，大。
殷忧：深深忧虑。殷，深。
能克终者盖寡：能够保持到底的大概很少。盖，表示推断。
傲物：看不起别人。物，人。
董：督察。

古今异义

凡百元首，承天景命
古义：大。
今义：景色。

通假字

虽董之以严刑，振之以威怒
"振"同"震"，威吓。

词语积累

居安思危　戒奢以俭

考题再现

《谏太宗十思疏》中，作者概括了历代君王能创业不能守业的普遍规律，那就是"＿＿＿＿＿＿，
＿＿＿＿＿＿"。

归，谓其人曰："今日病矣！予助苗长矣！"其子趋而往视之，苗则槁矣。天下之不助苗长者寡矣。以为无益而舍之者，不耘苗者也；助之长者，揠苗者也——非徒无益，而又害之。"

字词注释

其人：指他家里的人。

病：疲倦，劳累。

则：表示事与愿违的助词。

理解性默写

正如孟子所说"______________________________"，古往今来，合天之下，能不急功近利，拔苗助长的又有几许呢？

【参考答案】天下之不助苗长者寡矣

逍遥游（节选）

《庄子》

惠子谓庄子曰："魏王贻我大瓠之种，我树之成而实五石。以盛水浆，其坚不能自举也。剖之以为瓢，则瓠落无所容。非不呺然大也，吾为其无用而掊之。"庄子曰："夫子固拙于用大矣。宋人有善为不龟手之药者，世世以洴澼絖为事。客闻之，请买其方百金。

字词注释

贻：赠送。

瓠：葫芦。

树：种植、栽种。

实：充满、填塞。

石：计算容量的单位，十斗为一石。

举：拿起来。

瓠落：宽大的样子。

呺然：内中空虚的样子。

为：因为。

掊：击破。

固：实在，确实。

拙于用大：不善于使用大的东西，不善于发挥事物的大的作用。

洴：浮。

澼：在水中漂洗。

通假字

世世以洴澼絖为事

"絖"同"纩"，丝绵。

之以威怒，终苟免而不怀仁，貌恭而不心服。怨不在大，可畏惟人；载舟覆舟，所宜深慎；奔车朽索，其可忽乎！

字词注释

终苟免而不怀仁：最终只是苟且免于刑罚，但是并不会怀念(皇上的)仁德。

怨不在大，可畏惟人：怨恨不在于大小，可畏惧的是人民(心怀怨恨)。

载舟覆舟：人民能拥戴皇帝，也能推翻他的统治。

所宜深慎：这是应当深切戒慎的。

● 师 说 ●

〔唐〕韩 愈

古之学者必有师。师者，所以传道受业解惑也。人非生而知之者，孰能无惑？惑而不从师，其为惑也，终不解矣。生乎吾前，其闻道也固先乎吾，吾从而师之；生乎吾后，其闻道也亦先乎吾，吾从而师之。吾师道也，夫庸知其年之先后生于吾乎？是故无贵无贱，无长无少，道之所存，师之所存也。

字词注释

学者：求学的人。

所以：用来……的。

受：同"授"，传授。

生而知之：生下来就懂得知识和道理。之，指知识和道理。

其为惑也：那些成为困惑的问题。

闻：知道，懂得。

从而师之：跟随他学习。即以他为老师。

吾师道也：我学习的是道。师，学习。

夫庸知其年之先后生于吾乎：哪管他是生在我之前还是生在我之后呢？

无贵无贱：意思是就从师问道来说，没有贵和贱的区别。

道之所存，师之所存也：道存在的地方，就是老师在的地方。意思是谁懂得道，谁就是自己的老师。

一词多义

解 { 所以传道受业解惑也 解释，解答。 终不解矣 理解。

《孟子》一则（节选）

公孙丑问曰："敢问夫子恶乎长？"

曰："我知言，我善养吾浩然之气。"

"敢问何谓浩然之气？"

曰："难言也。其为气也，至大至刚，以直养而无害，则塞于天地之间。其为气也，配义与道，无是，馁也。是集义所生者，非义袭而取之也。行有不慊于心，则馁矣。我故曰告子未尝知义，以其外之也。必有事焉，而勿正，心勿忘，勿助长也。无若宋人然。宋人有闵其苗之不长而揠之者，芒芒然

字词注释

恶乎长：长于哪一方面，擅长什么。

知言：懂得言辞。

浩然：盛大流行的样子。

至：极、最。

刚：刚强。

以直养而无害：用正义去培养它而不加损害；一说指一直去培养它而不加损害。

塞：充满。

馁：饥饿，引申为丧气、萎靡不振。

闵：忧虑。

揠：拔起。

芒芒然：疲倦的样子。

通假字

行有不慊于心

"慊"同"惬"，快心，满意。

理解性默写

1.《孟子》中公孙丑问孟子擅长的地方，孟子的回答是"＿＿＿＿＿＿，＿＿＿＿＿＿＿＿＿＿"。

2. 孟子认为"浩然正气"必须是经常性的仁义道德蓄养才能生成，而不是靠偶尔的正义行为就能获取的句子是"＿＿＿＿＿＿，＿＿＿＿＿＿，＿＿＿＿＿＿＿"。

【参考答案】
1. 我知言，我善养吾浩然之气。
2. 是集义所生者，非义袭而取之也。

嗟乎,师道之不传也久矣,欲人之无惑也难矣!古之圣人,其出人也远矣,犹且从师而问焉;今之众人,其下圣人也亦远矣,而耻学于师。是故圣益圣,愚益愚。圣人之所以为圣,愚人之所以为愚,其皆出于此乎?爱其子,择师而教之;于其身也,则耻师焉,惑矣。彼童子之师,授之书而习其句读者,非吾所谓传其道解其惑者也。句读之不知,惑之不解,或师焉,或不焉,小学而大遗,吾未见其明也。巫医乐师百工之人,不耻相师。士大夫之族,曰师曰弟子云者,

字词注释

师道:尊师学习的风尚。
出人:超出一般人。
犹且:尚且,还。
众人:一般人。
圣益圣,愚益愚:圣人更加圣明,愚人更加愚昧。益,更加,越发。
身:自己。
耻师:以从师学习为耻。
惑:糊涂。
童子:未成年的男子。
授之书而习其句读:教给他书本的文字,(帮助他)学习句读。
或师焉,或不焉:有的向老师学习,有的不向老师学习。
小学而大遗:小的方面要学习,大的方面却放弃了。
百工:泛指各种工匠。
不耻相师:不以拜别人为师为耻。
族:类。

通假字

或师焉,或不焉
"不"同"否",不。

考题再现

古文运动的倡导者韩愈在《师说》中,对当时耻于学习的现象发出慨叹:"____
_____!
_____!"
其中,"久"字写出了当时耻师现象已成陋习,"难"字写出了从师学习的重要性。

天子以至于庶人,壹是皆以
修身为本。

中 庸 (节选)

《礼记》

喜怒哀乐之未发,谓之
中;发而皆中节,谓之和中也
者,天下之大本也;和也者,天
下之达道也。致中和,天地位
焉,万物育焉。

　　博学之,审问之,慎思之,
明辨之,笃行之。有弗学,学之
弗能弗措也;有弗问,问之弗
知弗措也;有弗思,思之弗得
弗措也;有弗辨,辨之弗明弗
措也;有弗行,行之弗笃弗措
也。人一能之,己百之;人十能
之,己千之。

字词注释

壹是:一切,一律。

字词注释

中:不偏不倚的"度"。
笃:切实地,坚定。
弗:同"不",表示否定。
措:放下。
辨:辨别。
行:行动,做,实行。

古今异义

审问之
古义:详细地询问。
今义:审讯,公安机关、检察
机关或法院向犯罪嫌疑人
或刑事案件中的被告人查
问有关案件的事实。

理解性默写

1. 在《中庸》中,作者认为
的"中"应该是这样的一种

状态"_____",
而"和"则是这样一种状态

"_____"。

2. 在《中庸》中,作者认为
如果达到了"中和"的境
地,这个世界应该是这样

一种理想的状态"_____

_____,_____

_____"。

【参考答案】
1. 喜怒哀乐之未发
发而皆中节
2. 天地位焉 万物育焉

则群聚而笑之。问之，则曰："彼
与彼年相若也，道相似也。位
卑则足羞，官盛则近谀。"呜呼！
师道之不复，可知矣。巫医乐
师百工之人，君子不齿，今其
智乃反不能及，其可怪也欤！

圣人无常师。孔子师郯
子、苌弘、师襄、老聃。郯子之徒，
其贤不及孔子。孔子曰：三人
行，则必有我师。是故弟子不
必不如师，师不必贤于弟子，
闻道有先后，术业有专攻，如
是而已。

李氏子蟠，年十七，好古
文，六艺经传皆通习之，不拘
于时，学于余。余嘉其能行古

字词注释

年相若：年龄差不多。
位卑则足羞，官盛则近谀：
以地位低者为师，就感到十
分耻辱；以官职高者为师，
就觉得是近乎谄媚。谀，谄
媚奉承。
不齿：不与同列，意思是看
不起。齿，并列、排列。
乃：竟。
欤：语气助词，表示感叹。
常：固定的老师。
贤：才德优秀。
不必：不一定。
术业：学术技艺。
专攻：专门学习或研究。攻，
学习、研究。

虚词用法

闻道有先后，术业有专攻，
如是而已。
而已：放在句末的语气助词，
相当于"罢了"。

考题再现

1. 韩愈在《师说》中慨叹，
因"士大夫之族"与"巫医
乐师百工之人"对待从师
学习的态度不同，产生了
一种出人意料的结果："巫
医乐师百工之人，君子不
齿，＿＿＿＿＿＿＿＿＿＿

＿＿＿＿＿，＿＿＿＿＿！"

2.《师说》中，"士大夫之
族"以地位、官职为借口拒
绝从师学习的语句是：

"＿＿＿＿＿＿＿＿＿，

＿＿＿＿＿＿＿＿＿"。

相夫子，远人不服，而不能来也，邦分崩离析而不能守也，而谋动干戈于邦内。吾恐季孙之忧，不在颛臾，而在萧墙之内也。"

大学之道 (节选)

《礼记》

古之欲明明德于天下者，先治其国。欲治其国者，先齐其家。欲齐其家者，先修其身。欲修其身者，先正其心。欲正其心者，先诚其意。欲诚其意者，先致其知。致知在格物。物格而后知至，知至而后意诚，意诚而后心正，心正而后身修，身修而后家齐，家齐而后国治，国治而后天下平。自

道，作《师说》以贻之。

字词注释
贻：赠送。

阿房宫赋（节选）

〔唐〕杜 牧

嗟乎！一人之心，千万人之心也。秦爱纷奢，人亦念其家。奈何取之尽锱铢，用之如泥沙？使负栋之柱，多于南亩之农夫；架梁之椽，多于机上之工女；钉头磷磷，多于在庾之粟粒；瓦缝参差，多于周身之帛缕；直栏横槛，多于九土之城郭；管弦呕哑，多于市人之言语。使天下之人，不敢言而敢怒。独夫之心，日益骄固。戍卒叫，函谷举，楚人一炬，可怜焦土！

呜呼！灭六国者六国也，

字词注释

秦爱纷奢，人亦念其家：秦朝统治者喜欢繁华奢侈，百姓也(都)顾念自己的家啊。

负栋之柱：支撑房屋大梁的柱子。

磷磷：有棱角的样子。这里形容钉头突出。

庾：谷仓。

九土：九州。

独夫：残暴无道、失去人心的统治者。这里指秦始皇。

骄固：骄横顽固。

戍卒叫：指陈涉、吴广起义。

楚人一炬：指项羽占领咸阳后纵火焚烧秦宫室。

古今异义

楚人一炬，可怜焦土

古义：可惜。

今义：值得怜悯。

词语积累

敢怒而不敢言

考题再现

《阿房宫赋》中，杜牧愤怒地指责秦统治者搜刮老百姓的财物时一分一厘都不放过，用起它来却毫不吝惜的语句是"_____ _____，_____？"

人者有力,自胜者强。知足者富。强行者有志。不失其所者久。死而不亡者寿。

(第三十三章)

合抱之木,生于毫末;九层之台,起于累土;千里之行,始于足下。民之从事,常于几成而败之。慎终如始,则无败事。

(第六十四章)

字词注释

强行:坚持不懈、持之以恒。

通假字

九层之台,起于累土

"累"同"蔂",盛土的工具。

考题再现

儒道两家都曾用"行路"形象地论述积累的重要性:

《老子》中说"_____

_____,_____

_____";《荀子·劝学》中说"故不积跬步,无以至千里"。

千里之行,始于足下

【参考答案】

● 季氏将伐颛臾 (节选)

《论语》

孔子曰:"求!君子疾夫舍曰欲之而必为之辞。丘也闻有国有家者,不患寡而患不均,不患贫而患不安。盖均无贫,和无寡,安无倾。夫如是,故远人不服,则修文德以来之。既来之,则安之。今由与求也,

字词注释

舍:舍弃,回避。

辞:托词,辩解之词。

患:忧虑、担忧。

寡:少。

和:和睦团结。

倾:倾覆。

远人:指本国以外的人。

一词多义

安 { 不患贫而患不安。安定。
既来之,则安之。
使……安定。

通假字

君子疾夫舍曰欲之而必为之辞

"疾"同"嫉",嫉妒,憎恨。

非秦也，族秦者秦也，非天下
也。嗟乎！使六国各爱其人，则
足以拒秦；使秦复爱六国之
人，则递三世可至万世而为
君，谁得而族灭也？秦人不暇
自哀，而后人哀之；后人哀之
而不鉴之，亦使后人而复哀
后人也。

字词注释

族：灭族。
使：假使。
爱：爱护。
递：依次传递。
不暇：来不及。

考题再现

杜牧的《阿房宫赋》中感叹
秦王朝二世而灭，其亡也
速，只给后人留下哀叹的

两句是"_____

_____，

_____"。

【参考答案】
后人哀之而不鉴之
亦使后人而复哀后人也

六国论

〔北宋〕苏 洵

六国破灭，非兵不利，战
不善，弊在赂秦。赂秦而力亏，
破灭之道也。或曰：六国互丧，
率赂秦耶？曰：不赂者以赂者
丧。盖失强援，不能独完。故曰：
弊在赂秦也。
　　　　秦以攻取之外，小则获

字词注释

赂：赠送财物。
或曰：有人说。
互丧：相继灭亡。
率：全都，一概。
完：保全。
以攻取：用攻战(的方法)取得。

考题再现

《六国论》开篇简明扼要地
指出六国破灭的原因是：

"_____，

_____，

_____"。

【参考答案】
非兵不利，战不善，
弊在赂秦

不可登。及既上，苍山负雪，明烛天南。望晚日照城郭，汶水、徂徕如画，而半山居雾若带然。

字词注释

苍山负雪，明烛天南：青黑色的山上覆盖着白雪，雪反射的光照亮了南面的天空。负，背。烛，照。

城郭：指城市。

徂徕：山名，在泰安城东南。

居：停留。

《老子》四章（节选）

三十辐共一毂，当其无，有车之用。埏埴以为器，当其无，有器之用。凿户牖以为室，当其无，有室之用。故有之以为利，无之以为用。

(第十一章)

企者不立，跨者不行，自见者不明，自是者不彰，自伐者无功，自矜者不长。其在道也，曰余食赘形，物或恶之，故有道者不处。

(第二十四章)

知人者智，自知者明，胜

字词注释

埏：以水和土。

埴：黏土。

跨：跃，越过，阔步而行。

赘形：多余的形体。因饱食而使身上长出多余的肉。赘，剩余。

物：鬼神。

恶：厌恶。

理解性默写

1.《老子》中"_____

_____，_____

_____"两句，阐释了不自然、违背常规的行为不会带来长久有效的结果的道理，和"欲速则不达"的意思相似。

2.《老子》中的"_____

_____，_____

_____"告诉我们要正确认识自己，这样有助于明己之长，知己之短。

邑大则得城较秦之所得与
战胜而得者其实百倍诸侯
之所亡与战败而亡者其实
亦百倍则秦之所大欲诸侯
之所大患固不在战矣思厥
先祖父暴霜露斩荆棘以有
尺寸之地子孙视之不甚惜
举以予人如弃草芥今日割
五城明日割十城然后得一
夕安寝起视四境而秦兵又
至矣然则诸侯之地有限暴
秦之欲无厌奉之弥繁侵之
愈急故不战而强弱胜负已
判矣至于颠覆理固宜然古
人云"以地事秦犹抱薪救火
薪不尽火不灭"此言得之

字词注释

亡：丧失的土地。
厥先祖父：他们的祖辈父辈。厥，相当于"其"。祖父，泛指祖辈、父辈。
暴霜露：暴露在霜露之中。
视：看待，对待。
举以予人：拿来送给别人。
然则：既然如此，那么。
厌：同"餍"，满足。
奉之弥繁，侵之愈急：六国送给秦越多，秦侵犯六国越厉害。
判：决定，确定。
固：本来。
宜：应该。
然：如此，这样。

古今异义

至于颠覆，理固宜然
古义：终于达到某种程度。
今义：表示另提一事的连词。

词语积累

如弃草芥　抱薪救火

考题再现

1.《六国论》中写子孙不爱惜土地的句子是"_____

_____，_____

_____。"

2.《六国论》中的"_____

_____，_____

_____"
引用了古人的一个譬喻，准确形象地说明了赂秦的严重危害和根本错误。

2.以地事秦　犹抱薪救火
1.举以予人　如弃草芥
【参考答案】

而此独以钟名何哉？

登泰山记（节选）

〔清〕姚鼐

泰山之阳，汶水西流；其阴，济水东流。阳谷皆入汶，阴谷皆入济。当其南北分者，古长城也。最高日观峰，在长城南十五里。

泰山正南面有三谷。中谷绕泰安城下，郦道元所谓环水也。余始循以入，道少半，越中岭，复循西谷，遂至其巅。古时登山，循东谷入，道有天门。东谷者，古谓之天门溪水，余所不至也。今所经中岭及山巅崖限当道者，世皆谓之天门云。道中迷雾冰滑，磴几

字词注释

汶水：发源于山东莱芜东北原山，向西南流经泰安。
济水：发源于河南济源西王屋山，东流到山东入海。
阳谷：山南面山谷中的水。
当其南北分者：在那(阳谷和阴谷)南北分界处的。
以：在。
循以入：顺着(中谷)进山。
道少半：路不到一半。
崖限当道者：像门槛一样横在路上的山崖。限，门槛。
云：助词，无实义。
几：几乎。

古今异义

1. 复循西谷
古义：又、再。
今义：往复，重复。
2. 世皆谓之天门云
古义：语气助词。
今义：一般用作名词，云层。

理解性默写

《登泰山记》中，"_____
_____，
_____"两句从云雾障目和冰滑难登中突出了登山之艰险，把风雪中登山的特点进一步明朗了。

齐人未尝赂秦，终继五
国迁灭何哉？与嬴而不助五
国也。五国既丧，齐亦不免矣。
燕赵之君，始有远略，能守其
土，义不赂秦。是故燕虽小国
而后亡，斯用兵之效也。至丹
以荆卿为计，始速祸焉。赵尝
五战于秦，二败而三胜。后秦
击赵者再，李牧连却之。洎牧
以谗诛，邯郸为郡，惜其用武
而不终也。且燕赵处秦革灭
殆尽之际，可谓智力孤危，战
败而亡，诚不得已。向使三国
各爱其地，齐人勿附于秦，刺
客不行，良将犹在，则胜负之
数，存亡之理，当与秦相较，或

华夏万卷 14 让人人写好字

字词注释

迁灭：灭亡。
与嬴：亲附秦国。
远略：长远的谋略。
至丹以荆卿为计，始速祸焉：等到燕太子丹用荆卿(刺秦王)作为(对付秦国的)策略，才招致祸患。
洎：及，等到。
胜负之数，存亡之理：胜败存亡的命运。数、理，指天数、命运。
较：较量。

古今异义

且燕赵处秦革灭殆尽之际，可谓智力孤危，战败而亡，诚不得已
古义：智，智谋；力，力量。
今义：理解事物的能力。

理解性默写

1.《六国论》中阐明齐国灭亡原因的句子是"＿＿＿＿＿，＿＿＿＿＿＿"。

2.《六国论》中，作者批评赵国杀害良将，不能坚持抗秦到底的句子是"＿＿＿＿，＿＿＿＿＿＿，＿＿＿＿＿，＿＿＿＿＿"。

【参考答案】
1.与嬴而不助五国也。
2.洎牧以谗诛，邯郸为郡，惜其用武而不终也。

抑本其成败之迹，而皆自于
人欤？《书》曰："满招损，谦得益。"忧
劳可以兴国，逸豫可以亡身，
自然之理也。

石钟山记（节选）

〔北宋〕苏　轼

《水经》云："彭蠡之口有石
钟山焉。"郦元以为下临深潭，
微风鼓浪，水石相搏，声如洪
钟。是说也，人常疑之。今以钟
磬置水中，虽大风浪不能鸣
也，而况石乎！至唐李渤始访
其遗踪，得双石于潭上，扣而
聆之，南声函胡，北音清越，桴
止响腾，余韵徐歇。自以为得
之矣。然是说也，余尤疑之。石
之铿然有声者，所在皆是也，

字词注释

抑：或者，还是。
皆自于人欤：都由于人的原因吗？
逸豫：安乐。

词语积累

满招损，谦得益

字词注释

鼓：激荡，掀动。
遗踪：旧址，陈迹。这里指所在地。
南声函胡：南边那山石的声音重浊模糊。函胡，同"含糊"。
北音清越：北边那山石的声音清脆悠扬。清越，清脆悠扬。

理解性默写

对于石钟山的得名缘由，有郦道元和李渤的两种说法。郦道元认为"_____
_____，
_____，_____"；李渤认为
"_____，_____，
_____，_____"。

未易量。

　　呜呼！以赂秦之地封天下之谋臣，以事秦之心礼天下之奇才，并力西向，则吾恐秦人食之不得下咽也。悲夫！有如此之势，而为秦人积威之所劫，日削月割，以趋于亡。为国者无使为积威之所劫哉！

　　夫六国与秦皆诸侯，其势弱于秦，而犹有可以不赂而胜之之势。苟以天下之大，下而从六国破亡之故事，是又在六国下矣。

字词注释

礼：礼遇，以礼相待。
奇才：非凡的人才。
并：合，齐。
西向：向西。
恐：担心，恐怕。
势：形势。
为……所：表示被动。
积威：积久而成的威势。
劫：胁迫，挟持。
为国者：治理国家的人。
故事：旧事。

古今异义

苟以天下之大，下而从六国破亡之故事，是又在六国下矣
古义：先例，旧事。
今义：真实的或虚构的有人物有情节的事情。

理解性默写

在《六国论》中，苏洵以古鉴今，其中"＿＿＿＿＿，＿＿＿＿＿，＿＿＿＿＿"三句，告诫北宋统治阶级不要以贿赂的方式谋得一时之安。

【参考答案】
苟以天下之大，
下而从六国破亡之故事，
是又在六国下矣。

答司马谏议书（节选）

〔北宋〕王安石

人习于苟且非一日，士

字词注释

苟且：得过且过，没有长远打算。

孩，遂而鸡豚，鸣鼓而聚之，击木而召之。吾小人辍飧饔以劳吏者，且不得暇，又何以蕃吾生而安吾性耶？故病且怠。若是，则与吾业者其亦有类乎？"

字词注释

遂：成。

鸣鼓：敲响鼓。鸣，使动用法，使……鸣（响）。

木：梆子。

吾小人：我们小民。

飧：晚饭。

饔：早饭。

劳：慰劳。

暇：空闲。

又何以蕃吾生而安吾性耶：又怎么能使我们人口增多、生活安定呢？蕃，使繁盛。

故病且怠：所以困苦并且疲倦。病，困苦。

五代史伶官传序（节选）

〔北宋〕欧阳修

方其系燕父子以组，函梁君臣之首，入于太庙，还矢先王，而告以成功，其意气之盛，可谓壮哉！及仇雠已灭，天下已定，一夫夜呼，乱者四应，仓皇东出，未及见贼而士卒离散，君臣相顾，不知所归，至于誓天断发，泣下沾襟，何其衰也！岂得之难而失之易欤？

字词注释

方：当……时。

系：缚。

组：丝带、丝绳，这里泛指绳索。

仇雠：仇人。雠，与"仇"同义。

至于：表示达到某种程度。

何其：多么。

理解性默写

《五代史伶官传序》中，描写庄宗消灭仇人时意气骄盛的句子是"方其系燕父子以组，函梁君臣之首，_____，_____，_____，_____！"

大夫多以不恤国事、同俗自媚于众为善，上乃欲变此，而某不量敌之众寡，欲出力助上以抗之，则众何为而不汹汹然？盘庚之迁，胥怨者民也，非特朝廷士大夫而已；盘庚不为怨者故改其度，度义而后动，是而不见可悔故也。如君实责我以在位久，未能助上大有为，以膏泽斯民，则某知罪矣；如曰今日当一切不事事，守前所为而已，则非某之所敢知。

字词注释

恤：顾念，忧虑。

汹汹然：形容声势盛大或凶猛。

盘庚之迁：商王盘庚为了巩固统治、躲避自然灾害，将国都迁到殷(今河南安阳)。

胥怨：相怨，指百姓对上位者的怨恨。

非特：不仅。

度：计划。

度义而后动：考虑到(事情)适宜就采取行动。义，适宜。

是：认为正确。

可悔：值得反悔的地方。

膏泽斯民：施恩惠给人民。

不事事：不做事，无所作为。前一个"事"是动词，办(事)。

理解性默写

盘庚迁都的时候，官员和老百姓都抱怨，但盘庚没有改变自己的计划，这是因为他"＿＿＿＿＿＿，＿＿＿＿＿＿"。

赤壁赋

〔北宋〕苏　轼

壬戌之秋，七月既望，苏子与客泛舟游于赤壁之下。

字词注释

既望：过了望日后的第一天，通常指农历每月十六日。

苏子：苏轼自称。

松菊犹存。携幼入室，有酒盈
樽。引壶觞以自酌，眄庭柯以
怡颜。倚南窗以寄傲，审容膝
之易安。园日涉以成趣，门虽
设而常关。策扶老以流憩，时
矫首而遐观。云无心以出岫，
鸟倦飞而知还。景翳翳以将
入，抚孤松而盘桓。

字词注释

寄傲：寄托傲世的情怀。

审容膝之易安：深知住在陋室中反而容易使人安适。审，深知。

景翳翳以将入：阳光黯淡，太阳快要下山了。景，日光。翳翳，阴暗的样子。将入，指太阳快下山。

盘桓：徘徊。

理解性默写

陶渊明《归去来兮辞》中

"_____，

_____"

两句，描写了诗人拄杖或游或息，时时昂首远望，畅享自然风景的情形。

【参考答案】策扶老以流憩，时矫首而遐观

种树郭橐驼传（节选）

〔唐〕柳宗元

问者曰："以子之道，移之
官理，可乎？"驼曰："我知种树而
已，理，非吾业也。然吾居乡，见
长人者好烦其令，若甚怜焉，
而卒以祸。旦暮吏来而呼曰：
'官命促尔耕，勖尔植，督尔获，
早缫而绪，早织而缕，字而幼

字词注释

官理：做官治民。理，治。

长人者：做官的。长，统治、治理。人，民。

好烦其令：喜好多发政令。烦，繁多。

卒以祸：到头来给他们造成了灾难。

缫：把蚕茧浸在热水里抽出蚕丝。

绪：丝头。

缕：线。

字而幼孩：养育好你们的小孩。字，养育。

词语积累

橐驼之技

清风徐来,水波不兴。举酒属
客,诵明月之诗,歌窈窕之章。
少焉,月出于东山之上,徘徊
于斗牛之间。白露横江,水光
接天。纵一苇之所如,凌万顷
之茫然。浩浩乎如冯虚御风,
而不知其所止;飘飘乎如遗
世独立,羽化而登仙。
　　　于是饮酒乐甚,扣舷而
歌之。歌曰:"桂棹兮兰桨,击空
明兮溯流光。渺渺兮予怀,望
美人兮天一方。"客有吹洞箫
者,倚歌而和之。其声呜呜然,
如怨如慕,如泣如诉,余音袅
袅,不绝如缕。舞幽壑之潜蛟,
泣孤舟之嫠妇。

🈯字词注释

徐:缓缓地。
举酒属客:举起酒杯,劝客人饮酒。属,劝请。
少焉:一会儿。
白露:指白茫茫的水汽。
冯虚御风:凌空驾风而行。冯,同"凭",乘。虚,太空。御,驾。
遗世独立,羽化而登仙:脱离人世,升入仙境。羽化,指飞升成仙。
扣舷:敲着船边,指打着节拍。
空明:指月光下的清波。
流光:江面浮动的月光。
渺渺兮予怀:我心里想得很远。渺渺,悠远的样子。
望美人兮天一方:眺望美人,(美人)却在天的那一边。美人,指所思慕的人。
客:指与苏轼同游的人。
倚歌:依照歌曲的声调和节拍。倚,循、依。
和之:(用箫)随着歌声伴奏。

🅾古今异义

望美人兮天一方
古义:理想的人,所怀念的人。
今义:美貌女子。

◉考题再现

苏轼《赤壁赋》中描写明月

初升的句子是:"_____

_____,_____

_____。"

诉不许。臣之进退，实为狼狈。

伏惟圣朝以孝治天下，

凡在故老，犹蒙矜育，况臣孤

苦，特为尤甚。且臣少仕伪朝，

历职郎署，本图宦达，不矜名

节。今臣亡国贱俘，至微至陋，

过蒙拔擢，宠命优渥，岂敢盘

桓，有所希冀。但以刘日薄西

山，气息奄奄，人命危浅，朝不

虑夕。臣无祖母，无以至今日；

祖母无臣，无以终余年。母、孙

二人，更相为命，是以区区不

能废远。

字词注释

告诉：申诉（苦衷）。
狼狈：形容进退两难的窘状。
伏惟：俯伏思量。
矜育：怜惜养育。矜，怜悯。
拔擢：提拔、提升。
宠命：荣宠。
优渥：优厚。
盘桓：犹疑不决的样子。
希冀：企图。这里指希望得到更高的官位。
薄：迫近。
奄奄：气息微弱、将要断气的样子。
危浅：活不长。危，危弱。浅，不长。
更相为命：相依为命。更相，相互。
区区：拳拳。形容自己的内心。

考题再现

"表"是一种应用文体，不容易写出真情实感。李密《陈情表》却写得极为感人：

"臣无祖母，_____

_____；祖母无臣，

_____。"

【参考答案】

归去来兮辞 （节选）

〔东晋〕陶渊明

乃瞻衡宇，载欣载奔。僮

仆欢迎，稚子候门。三径就荒，

字词注释

乃：于是、然后。
衡宇：简陋的房屋。
载欣载奔：高兴地奔跑。

苏子愀然正襟危坐而问客曰："何为其然也"客曰："月明星稀乌鹊南飞，此非曹孟德之诗乎？西望夏口东望武昌，山川相缪郁乎苍苍此非孟德之困于周郎者乎？方其破荆州下江陵顺流而东也，舳舻千里旌旗蔽空酾酒临江横槊赋诗固一世之雄也，而今安在哉？况吾与子渔樵于江渚之上侣鱼虾而友麋鹿，驾一叶之扁舟举匏樽以相属。寄蜉蝣于天地渺沧海之一粟哀吾生之须臾羡长江之无穷挟飞仙以遨游抱明月而长终知不可乎骤得

字词注释

愀然：容色改变的样子。
危坐：端坐。
何为其然也：(曲调)为什么这样(悲凉)呢？
山川相缪，郁乎苍苍：山水环绕，一片苍翠。
此：这地方。
困：受困。指曹操败于赤壁。
方：当。
下：攻占。
舳舻：船头和船尾的并称，泛指首尾相接的船只。
酾酒临江，横槊赋诗：面对大江斟酒，横执长矛吟诗。酾酒，斟酒。槊，长矛。
渔樵于江渚之上：在江边捕鱼砍柴。渔樵，捕鱼砍柴。
匏樽：用葫芦做成的酒器。
蜉蝣：一种小飞虫，夏秋之交生在水边，生存期很短，古人说它朝生暮死。这里用来比喻人生短促。
一粟：一粒米。
骤：一下子，很轻易地。

通假字

山川相缪，郁乎苍苍
"缪"同"缭"，盘绕、围绕。

考题再现

在《赤壁赋》中，客人用比喻的修辞手法，感伤个人在天地间生命的短暂和个体的渺小的语句是"_____，_____"。

【参考答案】
寄蜉蝣于天地，
渺沧海之一粟

衰祚薄，晚有儿息，外无期功
强近之亲，内无应门五尺之
僮，茕茕孑立，形影相吊。而刘
夙婴疾病，常在床蓐，臣侍汤
药，未曾废离。

逮奉圣朝，沐浴清化。前
太守臣逵察臣孝廉，后刺史
臣荣举臣秀才，臣以供养无
主，辞不赴命。诏书特下，拜臣
郎中，寻蒙国恩，除臣洗马。猥
以微贱，当侍东宫，非臣陨首
所能上报。臣具以表闻，辞不
就职。诏书切峻，责臣逋慢。郡
县逼迫，催臣上道；州司临门，
急于星火。臣欲奉诏奔驰，则
刘病日笃，欲苟顺私情，则告

托遗响于悲风。

苏子曰:"客亦知夫水与月乎?逝者如斯,而未尝往也;盈虚者如彼,而卒莫消长也。盖将自其变者而观之,则天地曾不能以一瞬;自其不变者而观之,则物与我皆无尽也,而又何羡乎!且夫天地之间,物各有主,苟非吾之所有,虽一毫而莫取。惟江上之清风,与山间之明月,耳得之而为声,目遇之而成色,取之无禁,用之不竭,是造物者之无尽藏也,而吾与子之所共适。"

客喜而笑,洗盏更酌。肴核既尽,杯盘狼籍,相与枕藉

字词注释

遗响:余音,指箫声。
逝者如斯,而未尝往也;盈虚者如彼,而卒莫消长也:流去的(水)像这样(不断地流去永不复返),而并没有流去;(月亮)像那样时圆时缺,却终究没有增减的变化。盈,满。虚,缺。卒,终究。
消长:消减和增长。
物与我皆无尽:意思是,万物同我们一样都是永恒的。
更:再。
肴核:菜肴和果品。
狼籍:即"狼藉",凌乱。
相与枕藉:互相枕着垫着。

词语积累

逝者如斯
取之不尽,用之不竭
杯盘狼籍

考题再现

《赤壁赋》中表达人生与天地"变"与"不变"的哲理的语句是"＿＿＿＿＿

＿＿＿＿＿,＿＿＿＿＿

＿＿＿＿＿;＿＿＿＿＿

＿＿＿＿＿,＿＿＿＿＿

＿＿＿＿＿"。

盖将自其变者而观之,则天地曾不能以一瞬;自其不变者而观之,则物与我皆无尽也

【参考答案】

选贤与能,讲信修睦。故人不独亲其亲,不独子其子,使老有所终,壮有所用,幼有所长,矜、寡、孤、独、废疾者皆有所养,男有分,女有归。货恶其弃于地也,不必藏于己;力恶其不出于身也,不必为己。是故谋闭而不兴,盗窃乱贼而不作,故外户而不闭,是谓大同。

字词注释

与:同"举",推举、选举。
终:终老,终其天年。
货:财物。
恶:憎恶。
弃:扔。
闭:杜绝。
大同:指理想社会。同,有和平的意思。

通假字

矜、寡、孤、独、废疾者皆有所养
"矜"同"鳏",老而无妻的人。

理解性默写

《礼运(节选)》中"_____,_____,_____"说的是每个人都能推己及人,把奉养父母、养育儿女的心意扩大到其他人身上,使全社会亲如一家。

答案:不独亲其亲 不独子其子

陈情表 (节选)

〔西晋〕李 密

臣密言:臣以险衅,夙遭闵凶。生孩六月,慈父见背;行年四岁,舅夺母志。祖母刘悯臣孤弱,躬亲抚养。臣少多疾病,九岁不行,零丁孤苦,至于成立。既无伯叔,终鲜兄弟,门

字词注释

险:坎坷。
衅:祸患。
闵:忧患、凶丧。
凶:不幸。
悯:悲痛,怜惜。
零丁:同"伶仃",孤独的样子。
鲜:这里是"没有"的意思。

古今异义

九岁不行
古义:不能走路,这里指柔弱。
今义:不可以,不被允许。

乎舟中，不知东方之既白。

字词注释
既白：天明。白，明亮。

项脊轩志（节选）

〔明〕归有光

然余居于此，多可喜，亦
多可悲。先是，庭中通南北为
一。迨诸父异爨，内外多置小
门墙，往往而是。东犬西吠，客
逾庖而宴，鸡栖于厅。庭中始
为篱，已为墙，凡再变矣。家有
老妪，尝居于此。妪，先大母婢
也，乳二世，先妣抚之甚厚。室
西连于中闺，先妣尝一至。妪
每谓余曰："某所，而母立于兹。"
妪又曰："汝姊在吾怀，呱呱而
泣；娘以指叩门扉曰：'儿寒乎？
欲食乎？'吾从板外相为应答。"
语未毕，余泣，妪亦泣。余自束

字词注释
先是：在此以前。
迨诸父异爨：等到伯、叔分家。迨，等到。诸父，伯父、叔父的统称。异爨，分灶做饭，意思是分家。
往往而是：到处都是。
东犬西吠：东家的狗（听到西家的声音）就对着西家叫。
逾庖而宴：越过厨房去吃饭。
已：不久后。
先大母：去世的祖母。
乳二世：给两代人喂过奶。乳，喂奶，哺育。
抚：爱护，这里是"对待"的意思。
中闺：内室。

通假字

某所，而母立于兹
"而"同"尔"，你。

理解性默写

《项脊轩志》中，作者的感情基调由"喜"转"悲"的过

渡句是："＿＿＿＿＿＿＿

＿＿＿，＿＿＿＿＿＿，

＿＿＿＿＿＿。"

燕、赵、韩、魏、宋、卫、中山之君也；锄櫌棘矜，非铦于钩戟长铩也；谪戍之众，非抗于九国之师也；深谋远虑，行军用兵之道，非及向时之士也。然而成败异变，功业相反，何也？试使山东之国与陈涉度长絜大，比权量力，则不可同年而语矣。然秦以区区之地，致万乘之势，序八州而朝同列，百有余年矣；然后以六合为家，崤函为宫；一夫作难而七庙隳，身死人手，为天下笑者，何也？仁义不施而攻守之势异也。

字词注释

谪戍：因有罪而被征调去守边。

抗：匹敌，相当。

向时：先前。

度长絜大：量量长短，比比大小。絜，衡量。

万乘：兵车万辆。表示军事力量强大。

同列：地位同等。

一夫作难：指陈涉起义。作难，起事。

七庙隳：宗庙毁灭，就是国家灭亡的意思。

身死人手：指秦王子婴为项羽所杀。

攻守之势异也：攻和守的形势不同了。

通假字

锄櫌棘矜
·
"櫌"同"耰"，碎土平田用的农具。

理解性默写

贾谊在《过秦论》中用

"＿＿＿＿＿＿＿＿，

＿＿＿＿＿＿＿＿，

＿＿＿＿＿＿＿＿，

＿＿＿＿＿＿＿＿"

四句总结了秦占地由小到大，势力由弱到强，最终统治诸侯长达百年的历史。

【参考答案】
然秦以区区之地
致万乘之势
序八州而朝同列
百有余年矣

礼　运（节选）

《礼记》

大道之行也，天下为公，

字词注释

行：施行。

发读书轩中，一日，大母过余

曰："吾儿，久不见若影，何竟日

默默在此，大类女郎也？"比去，

以手阖门，自语曰："吾家读书

久不效，儿之成，则可待乎！"顷

之，持一象笏至，曰："此吾祖太

常公宣德间执此以朝，他日

汝当用之！"瞻顾遗迹，如在昨

日，令人长号不自禁。

字词注释

过余：到我(这里来)。意思是来看我。

若：你。

竟日：整天。

大类：很像。

比去：等到离开的时候。

阖：关闭。

不效：没有效果。这里指科举上无所成就。

瞻顾遗迹：瞻视回顾这些旧物。

古今异义

比去，以手阖门
古义：及，等到。
今义：较量。

文化常识

笏：又名"手板""朝笏"，古代大臣朝见君主时所执的狭长板子，用玉、象牙或竹片制成，用以指画或记事。

子路、曾皙、冉有、公西华侍坐（节选）

《论语》

子路、曾皙、冉有、公西华

侍坐。

子曰："以吾一日长乎尔，

毋吾以也。居则曰'不吾知也！'

如或知尔，则何以哉？"

子路率尔而对曰："千乘

字词注释

一日：一两天。

乎：于。

尔：你们。

居则曰：(你们)平日说。居，平日、平时。

不吾知：即"不知吾"，不了解我。

则何以哉：那么(你们)打算怎么做呢？

率尔：急遽而不加考虑的样子。尔，相当于"然"。

千乘之国：有一千辆兵车的诸侯国。

事，思来者。乃如左丘无目，孙子断足，终不可用，退而论书策，以舒其愤，思垂空文以自见。

仆窃不逊，近自托于无能之辞，网罗天下放失旧闻，略考其行事，综其终始，稽其成败兴坏之纪，上计轩辕，下至于兹，为十表，本纪十二，书八章，世家三十，列传七十，凡百三十篇。亦欲以究天人之际，通古今之变，成一家之言。草创未就，会遭此祸，惜其不成，是以就极刑而无愠色。

字词注释

思来者：想到未来，意思是让后世了解自己的思想。
不逊：不谦虚。
放失旧闻：散乱的文献。
愠：恼怒。

古今异义

退而论书策，以舒其愤，思垂空文以自见
古义：文章。
今义：说空话的文章；有名无实的规章条文。

考题再现

1. 补写出下面的空缺部分。
亦欲以究天人之际，

_____，

_____。

2. 在《报任安书》中，
"_____"
交代了《史记》的素材来源，
"_____"
体现了司马迁为了完成《史记》而表现出来的坚韧精神。

【参考答案】
1. 通古今之变，成一家之言
2. 网罗天下放失旧闻，略考其行事，综其终始，稽其成败兴坏之纪

过秦论（节选）

〔西汉〕贾 谊

陈涉之位，非尊于齐、楚、

字词注释

过秦：意思是斥秦的过失。

之国，摄乎大国之间，加之以

师旅，因之以饥馑，由也为之，

比及三年，可使有勇，且知方

也。"

夫子哂之。

"求！尔何如？"

对曰："方六七十，如五六

十，求也为之，比及三年，可使

足民。如其礼乐，以俟君子。"

"赤！尔何如？"

对曰："非曰能之，愿学焉。

宗庙之事，如会同，端章甫，愿

为小相焉。"

"点！尔何如？"

鼓瑟希，铿尔，舍瑟而作，

对曰："异乎三子者之撰。"

字词注释

摄：夹处。

因之以饥馑：接下来又有饥荒。因，接续。饥馑，泛指饥荒。

为之：治理这个国家。为，治。

比及：等到。

方：合乎礼义的行事准则。

哂：微笑。

俟：等待。

能：胜任、能做到。

撰：才能。这里指为政的才能。一说，讲述、解说。

通假字

鼓瑟希

"希"同"稀"，稀疏。

理解性默写

在《子路、曾皙、冉有、公西华侍坐》中，面对孔子的提问，个性鲁莽却率真的子路急忙回答到："_____

_____，_____

_____，加之以师旅，

_____；

由也为之，比及三年，可使有勇，且知方也。"

子曰："何伤乎？亦各言其志也。"

曰："莫春者，春服既成，冠者五六人，童子六七人，浴乎沂，风乎舞雩，咏而归。"

夫子喟然叹曰："吾与点也！"

字词注释

何伤：何妨。意思是有什么关系呢。
咏：唱歌。
喟然：叹息的样子。喟，叹息。
与：赞成。

理解性默写

在《子路、曾皙、冉有、公西华侍坐》中，面对孔子的询问，曾皙描绘了一幅在大自然里沐浴临风，一路酣歌的画面"_____，_____，_____。"

报任安书（节选）

〔西汉〕司马迁

盖文王拘而演《周易》；仲尼厄而作《春秋》；屈原放逐，乃赋《离骚》；左丘失明，厥有《国语》；孙子膑脚，《兵法》修列；不韦迁蜀，世传《吕览》；韩非囚秦，《说难》《孤愤》；《诗》三百篇，大底圣贤发愤之所为作也。此人皆意有所郁结，不得通其道，故述往

字词注释

厄：困穷。
通其道：行其道，即实行其理想。

古今异义

1. 文王拘而演《周易》；仲尼厄而作《春秋》
古义：书名。
今义：(1)春季、秋季。
(2)时代名称。
2. 大底圣贤发愤之所为作也
古义：抒发愤懑。
今义：指决心努力。

通假字

大底圣贤发愤之所为作也
"底"同"抵"，大抵，大都。

语文答题卡

书写示范

姓　　名　_____

准考证号　□□□□□□□□□

贴条形码区

此栏考生禁填　　缺考标记 □

第一部分　选择题

1	2	3	4	7	8	10	11	12	14	17	18	19
[A]	[A]	■	[A]	[A]	■	[A]	[A]	[A]	■	[A]	[A]	[A]
■	[B]	[B]	■	[B]	[B]	[B]	[B]	[B]	[B]	[B]	■	[B]
[C]	■	[C]	[C]	[C]	[C]	■	[C]	[C]	[C]	■	[C]	■
[D]	[D]	[D]	[D]	■	■	[D]	[D]	■	[D]	[D]	[D]	[D]
					[E]				■			

第二部分　主观题

一、现代文阅读（二）

5.（5分）①裁缝作为辛苦的谋生行当，看起来与别的行当一样；②但是在做裁缝的过程中，有了难忘的经历，对生活有了新的体会，不由得对这一行当产生了特殊感情，感到它有独特的意义。

6.（6分）①语言口语化、生活化，让人感觉亲切自然；②人物对话有地域特点，鲜活真实；③语言风格整体明快风趣，率真不做作。

请在各题目的答题区域内作答，超出答题区域的答案无效

一、现代文阅读（三）

9.（4分） ①依托藏品开展的科研活动能够产出丰富的科研成果；②博物馆可以整合一个地区的科研力量，培育科研团队。

二、古代诗文阅读（一）

13.（10分）

（1）品行严肃正直，行为坚持遵守礼制法度，事奉过继家的亲族，恭敬谨慎过于常礼。

（2）而谢曜喜爱褒贬人物，谢曜每每发表议论，弘微常说其他的事岔开话头。

15.（6分） 表现了诗人旷达的性格。苏轼兄弟情义深重，但诗人远在杭州，与在京城的苏辙已是天各一方。这次虽然是离别，诗人表示也不会作儿女之态，悲伤流泪。

▲600

▲700

▲800

▲900

▲1000

二、古代诗文阅读（三）

16. (5分)

(1) 水何澹澹　山岛竦峙

(2) 使秦复爱六国之人　则递三世可至万世而为君 谁得而族灭也

三、语言文字运用

20. (6分)

① 也可能对身体产生损害

② 血液中药物浓度会逐渐升高

③ 药物浓度并不是越高越好

四、写作 (60分)

							回	忆	校	园						
	我	的	校	园	是	那	样	的	朴	实	。	它	孤	独	地	站	在	小	城
的	边	缘	,	没	有	华	丽	的	装	饰	,	但	鸟	歌	、	蝉	鸣	、	蝶	舞
却	展	现	出	真	正	的	和	谐	。							
	从	宿	舍	到	教	室	,	一	条	古	砖	小	路	被	几	棵	白	杨	树
笼	罩	着	。	几	十	米	的	小	道	仿	佛	一	条	走	不	到	尽	头	的	长
廊	。	偶	尔	几	笔	写	意	,	把	路	边	的	枯	藤	永	远	地	收	藏	。
暮	春	时	节	,	高	大	的	绿	杨	抽	出	新	枝	发	出	嫩	芽	。	每	个

▲100

作文书写专练

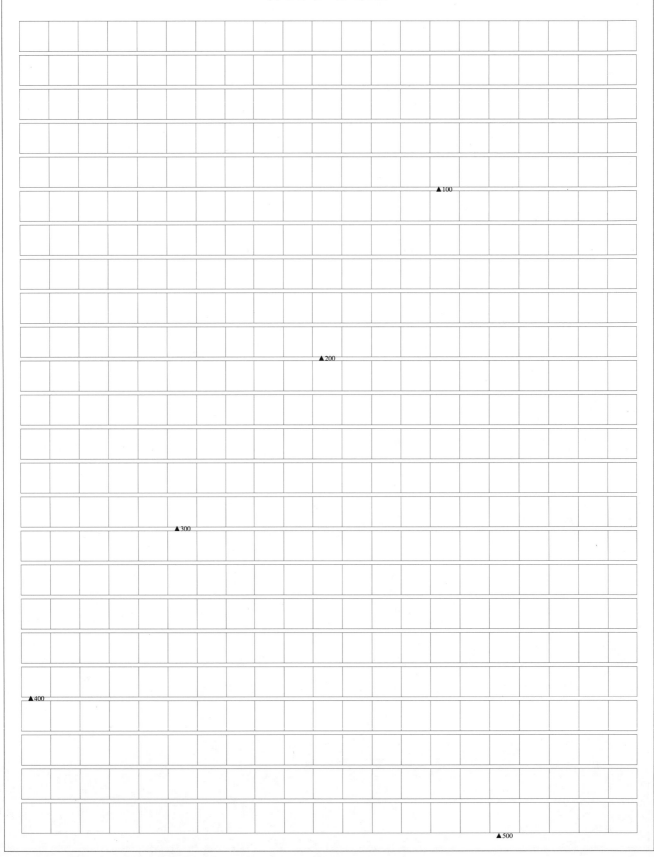

▲100

▲200

▲300

▲400

▲500

枝桠都是一个音符,流动在少年的心间。

　　树下漫步读书,给人一种不能言说的怡然。在那下面能忘掉一切,也能想起一切。和同学一起树下乘凉也更有一番意境,让人不由得想起了过往的点点滴滴。

　　曾经的指点江山被时光冲淡,但场景还依约记得。于是想到现在的我们、以后的我们。高中的时光已无情地把我们赶到了尽头。从同一个校园走出的我们,将走向不同的世界。大家都在为远方而努力,仿佛前方无限光明。

　　然而道路不同,风景殊异,困难难免。

　　一路风雨无常,或许以后还会有更大的挑战,或许那时能给我们支撑的,还是校园以及校园里的人们,最怀念的还是那几年的时光。因为那时的我们是那么勇敢。

　　幽雅的校园为我们的青春畅想作了引曲,为我们的理想挂上了桅帆,为我们的登峰奠定了基石。在这里,我们经过泪水与汗水的培壅,我们孜孜追求,我们永远难忘的是曾经的岁月。

　　聚散总有缘,最忆同学少年。这些最值得回首,却让我断然转过身来。因为我还要为当下最重要的时刻集中精力。那幅让人想永远驻足却无法凝视的画面,会让我们在美好中迷失。

　　我们终将散场。我想象分别会很从容:一张合影留念,见证了这三年。多年后,这照片翻出来是否依然光鲜,环境不过是校园的特有风情,

请勿在此
区域内作答

但身后的杨叶舞动和夏风浸染却能直映眼帘,永刻心间。

　　长沟流月去无声,永远怀念在初夏时节有特殊风情的校园。它听见了我们激扬的青春誓言,看到了我们在仲夏的林间静读的身影,也为我们一生中几个重要的春夏秋冬着了色彩。我们更是在那个校园的小路上踏遍了寸土,挥洒了汗水,望断了青春的归程。

　　怀念那些生命中永不褪色的记忆:一间酷暑天无法乘凉的教室,容得下杨树慵睡的池塘……每一段风声、鸟声、树叶沙沙声都曾见证过的时光。